· 青春期自救手册 ·

身体和灵魂哪个是我

[法] 克莱尔 · 马林（Claire Marin）著
[法] 阿尔弗雷德（Alfred）绘　时征 译

中信出版集团 | 北京

图书在版编目（CIP）数据

青春期自救手册 . 身体和灵魂哪个是我 /（法）克莱尔 · 马林著 ;（法）阿尔弗雷德绘 ; 时征译 . -- 北京 : 中信出版社 , 2023.9（2024.4重印）

ISBN 978-7-5217-5842-9

Ⅰ . ①青… Ⅱ . ①克… ②阿… ③时… Ⅲ . ①心理健康－健康教育－少儿读物 Ⅳ . ① G444-49

中国国家版本馆 CIP 数据核字（2023）第 115518 号

青春期自救手册 · 身体和灵魂哪个是我

著　　者：[法] 克莱尔 · 马林
绘　　者：[法] 阿尔弗雷德
译　　者：时征
出版发行：中信出版集团股份有限公司
（北京市朝阳区东三环北路27号嘉铭中心　邮编　100020）
承 印 者：北京瑞禾彩色印刷有限公司

开　　本：787mm × 1092mm　1/32　　印　　张：1.25　　字　　数：16千字
版　　次：2023年 9月第 1 版　　印　　次：2024年4月第 4 次印刷
京权图字：01-2022-3949
书　　号：ISBN 978-7-5217-5842-9
定　　价：13.80元

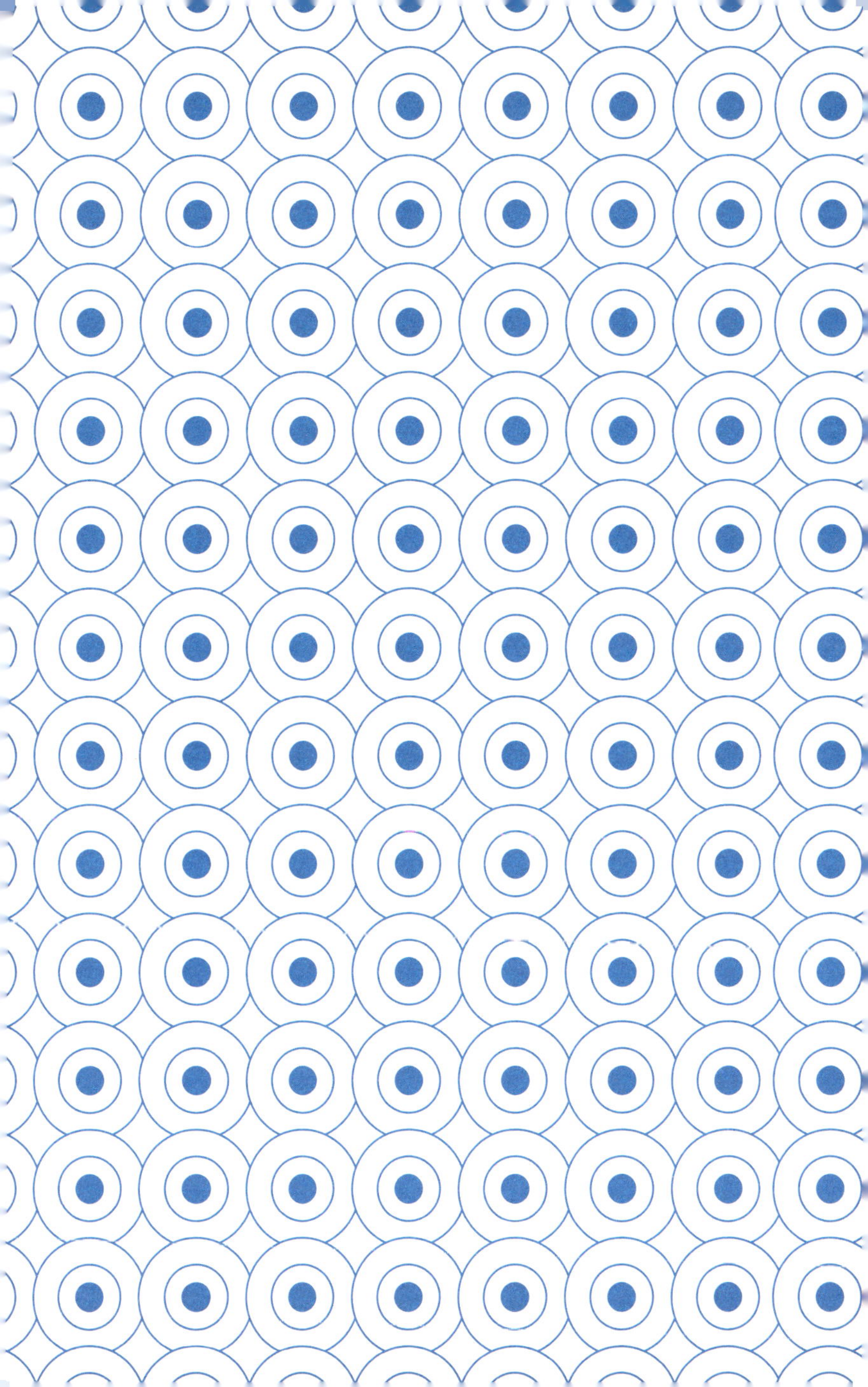

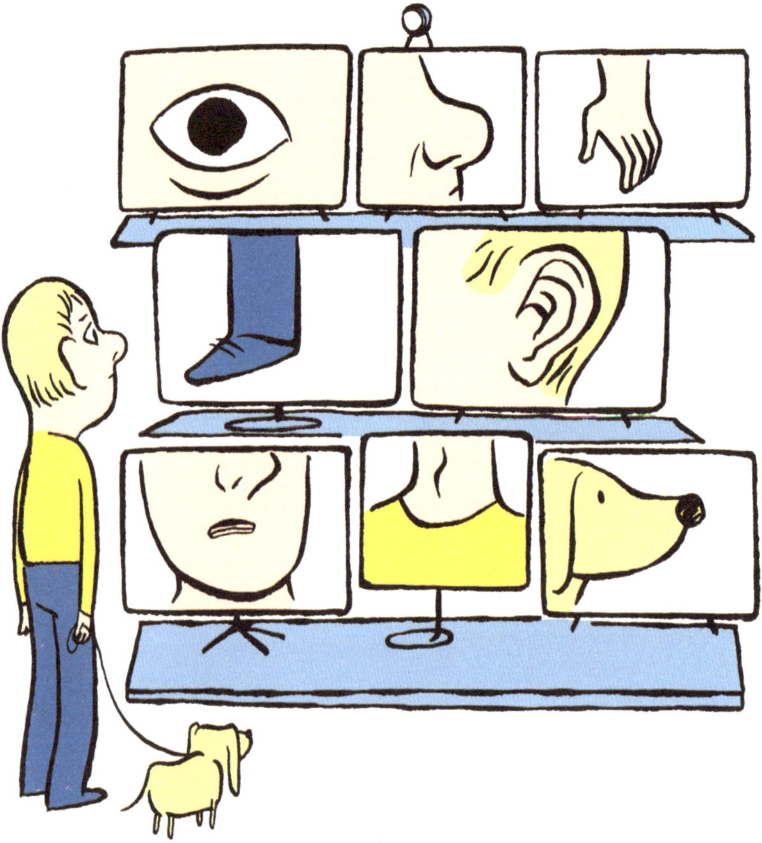

这个身体真的是我的吗?

在《第一哲学沉思集》（又名《形而上学的沉思》，1641年）中，**笛卡儿**对一些从感官上感觉是很明显的事情提出质疑，以此来寻求获得真理和建立认识的方法。我们每个人都有过被自己的感官欺骗的经历，例如把错觉当成了真实。可是，即便我们的感官是产生幻觉的源头，有些感知体验似乎也很难引起质疑："我怎么能否认这双手和这个身体是属于我的呢？"笛卡儿认为，只有丧失理智的疯子才会在自己身体的真实性方面产生误解：他们"一丝不挂，却以为自己穿红戴金，或者幻想自己的身体是玻璃做成的"。然而，当体内的血液因不良姿势而流动不畅时，我们可能会感觉自己的手像个异物。即使这只手、这条胳膊与我们的身体完好地连在一起，我们也感觉不到它们，就像是装的假肢一样。

如今，麻醉让我们再次体验到这种奇怪的感

觉。为了拔智齿，牙医给我的下颌进行了局部麻醉，于是我在几个小时内都很难清晰地发音。我说话的速度会变慢，我的面部也因为部分麻痹而出现不寻常的表情。这让我感觉很奇怪，好像它不再是完全属于我的了。事实上，只需要一点点麻药，就足以让我平时如此熟悉的身体不再默默完成我的所有动作，也不再顺从我的意愿和反映我的情绪了。

在《恶心》（1938年）中，**让-保罗·萨特**对这种陌生感提出了质疑。主人公安东纳·洛根丁远远地观察着自己的手，就像是看一只奇怪的动物一样："手背朝下，露出肥肥的掌部，看上去像一头仰卧的野兽，而手指头就是它的脚爪……在我手臂末端摇晃的这两只动物，就是我。"

我的身体会成长，变胖或变瘦，还会因为青春期、疾病、意外事故、衰老而发生变化甚至变形，它会变得令我陌生，变得无法辨认，我很难真正了解它。它还属于我吗？它是我的帮手还是我的敌人，到底是由谁说了算呢？

我的意识和我的身体有什么关系？

当我说这个身体属于我的时候，我所想要表达的信息或多或少含有我能使用它和控制它的意思。我能决定让它做什么。这其中有一部分是我的错觉，因为我从来都无法完全控制它的行为。我控制不住饥饿、寒冷或痛苦。我可以让自己养成少睡、少吃的习惯，或者像运动员那样，培养某种忍耐痛苦的能力，但身体本身会控制它的节奏和变化。从这个意义上来说，身体让我体验到了偶然性和束缚感：我并不能自由地想做什么就做什么，它会约束和限制我。它把它的规律和狂热都强加于我。

古代哲学试图将人们从这种束缚感中解放出来。在《斐多篇》中，**柏拉图**便提出了摆脱生活的束缚、完全由思想来支配身体行为的梦想：“身体仅仅因为需要营养，就会产生没完没了的烦恼。此外，身体还会生病，这为我们寻求真理平添了许多障碍。它用热情、欲望、恐惧以及各种虚幻的情绪将我们塞得满满的，让我们连思考的工夫都没有……我们只有不再被身体左右，才能保持纯洁……没错，一旦脱离了愚昧的身体，我们将获得纯洁。”只有把自己从身体中解脱出来，人类才能尽可能地脱离感官世界，从而真正投入到智慧和真理中。从这个意义上来看，我们不应该害怕死亡，正如**苏格拉底**所说，因为死亡使身体和灵魂最终分离，并使灵魂最终摆脱了一切有形的重量。

身体总让我们分心，使我们放弃对智慧的热爱和对真理的追求。

这种否定性的概念（“身体是灵魂的坟墓”，柏拉图的观点）和二元论长期以来一直主导着西方思想。从斯多亚学派到像**奥古斯丁**这样的基督教思想家，再到笛卡儿的道德观，都表现出一种我完全是身体，此外什么也不是；灵魂只是身体上某一部分的名称。

尼采（德国哲学家）

禁欲主义的哲学，主张对灵魂和身体进行修炼。正如哲学家**皮埃尔·阿多**提醒我们的那样，必须要引导身体的修炼方向，使其“对痛苦无动于衷，随时准备付诸行动”，并“磨炼灵魂”，使其变得“勇敢而有节制”。人们常常把灵魂与身体的关系当作一种作战的关系。身体被视为敌人，要征服它。面对身体所释放出的力量与激情，灵魂必须依靠自己的坚韧和顽强来应对。

> 可是对灵魂来说，身体真的就只是约束吗？

可是对灵魂来说，身体真的就只是约束吗？这是我日常所体会到的吗？恰恰相反，当温暖的阳光轻抚着我的皮肤时，当我在长时间体力劳动后喝到一杯清凉的饮料时，当我在跑步、游泳、跳舞或进入梦乡时，我所感受到的不恰恰是一些小小的愉悦感吗？当我失去了所有这些愉快的感觉，哪怕是暂时的，我都会感到不开心，不是吗？

伊壁鸠鲁派总是提醒那些轻视身体的人，自

然而简单的快乐能帮助我们获得幸福。古罗马哲学家和诗人**卢克莱修**在《物性论》中曾说过，没有什么比和朋友们一起在河边树荫下的草地上吃一顿简简单单的饭更美妙了。身体愉悦是人类幸福的先决条件。当我感到饥饿、疲劳或伤痛时，我就感受不到幸福。我无法像斯多亚派所宣称的那样，把我的身体只当作一件东西。

> “身体与我密切相关，它不仅是属于我的，它就是我。”

身体既不是一件需要支配或雕琢的物品，也不是一只需要驯服的野生动物。它也从来都不是一个我能够摆脱的遥远现实，它与我密切相关，它不仅是属于我的，它就是我。就像**斯宾诺莎**在回应笛卡儿时所说的，我并不仅仅限于我的意识及其思想活动，我也是我的身体及它所能做到的一切。我不能否认这种力量有时会违背我的意愿（例如，我不能阻止自己打喷嚏或打嗝），也不能否认它是我生命的根源。就像斯宾诺莎在《伦理学》（1677

年）中所说的，身体是“坚持存在的欲望”，是支撑主体所有其他活动的主要生命力。

有些哲学家甚至声称，没有身体就没有主体，我们在拥有意识之前就拥有了身体。我们正是通过身体才与他人和世界建立了联系。身体像脐带一样把我们与我们所感知到的存在联系起来，然后才有了思考。哲学家**梅洛·庞蒂**说：“身体存在于世界中的意义，就像心脏存在于人体中的意义一样。”正是通过身体，我们才得以触及和感知外部现实。它是我们在世界中的体现。但这种植根也可以被视为一种囚禁：我无法“摆脱”它，我无法将自己与它区分开来。

哲学家**福柯**曾说过：“我的身体，这个残酷无情的地方。”换句话说，这是个我无法逃脱的地方。我注定永远无法摆脱这个身体。而这有时会成为痛苦的根源。

怎样才能接受令自己不满意的身体呢?

在照镜子时所获得的体验并不总是令人愉悦的。有时是失望，甚至是精神痛苦的悲剧性重复，其根源在于我被封闭在了一个外表看起来与“内在自我”如此不同的身体里。不仅是因为丑陋，还因为这个和我长得一模一样的人是如此可怜巴巴，而我从内心深处所设想的自己是多姿多彩而富于变化的。

在 1949 年的一次演讲中，精神分析学家**雅克·拉康**在**弗洛伊德**所提出的儿童心理发展的不同阶段中加入了一个镜像阶段，即当孩子在镜子的反射中看到自己形象的那个特殊时刻。如果他表现得“兴高采烈”，那是因为他对自我的认知从局部的感知（我能看到我的手、我的脚、我的肚子，但我看不到整个的我）变成了镜中的完整形象。根据拉康的观点，这个阶段预示着心理上的成熟：儿童开始意识到自己是能够被看见的，并且构成了自己和他人的一个观看对象。

梅洛·庞蒂在一次专门讨论儿童与他人关系的讲座中也提到了这一点："在镜子里见到自己的脸，是为了让（儿童）知道他有一个关于自己的整体形象。"不过这个发现所带来的并不一定都是快乐。尽管它让我更好地了解了自己，但也会让我意识到自己在别人眼中是这个形象的事实。在镜子里，我是这个样子，那么我在别人眼里也大概就是这个样子。"镜中形象在让人认识自我的同时，也可能会产生一种疏离感：我不再是自己想象中的那个我了，而变成了镜子向我展示的这个形象。"

> "怎样才能带着一个不适合自己的身体生活呢？"

我被我的镜中形象剥夺了自己的一部分，而我差不多就要用这个形象来面对别人。其他人正是通过这个我有时都认不出的形象，通过每天早上让我失望的身体或脸庞来识别我的身份的。我们每天都在为自己的丑陋或平庸耿耿于怀：怎样才能接受这样一个令自己不满意的身体呢？

1966年，在一场名为《乌托邦身体》的广播演讲中，福柯真诚而又戏谑地坦言他并不喜欢自己：“每天早上都是同样的情况，带给我相同的创伤。我眼前所看到的是镜子强加给我的那个无法回避的形象：瘦削的脸庞，耷拉的肩膀，近视的眼睛，稀疏的头顶，毫无英俊可言。而我不得不顶着这颗丑陋的脑袋，在这个我不喜欢的笼子里走来走去，展示自己；我必须透过这道栅栏来说话，打量并被人打量。”

福柯还说，人们总想抹去身体的痕迹，并梦想拥有一个不被任何因素影响的“没有肉身的身体”，也就是一个“无形”的身体：它就像童话或神话之中描绘的那样，“美丽、清澈、透明、发光”，能无视重力的作用，能奇迹般地自愈，能让自己隐身。这其实并不难理解。西方传统哲学总梦想着能将我们从这个束缚人的身体中解放出来，只保留纯洁的灵魂。

4

当我们对自己的身体感到失望时，要怎么做才能从它的物质性中超脱出来呢？福柯在他的一些视频影像中给出了自己的答案：赋予你的身体存在感；让你的身体魅力四射而充满活力；为你的身体打造有辨识度的独特风格；在你的身体上留下明显的个人印记。

身体会背叛我们的内心吗?

有时候，我的身体会背叛我，去透露一些我宁愿不知道或者说不想说的情况。我不知道身体为什么会出现这样的迹象。它可能是一种无意识的心理投射，是表现深层压抑的痛苦的载体，这些痛苦最终通过身体的疼痛表现出来。我们在考试前感到胃痛或头痛，因为紧张而喘不上气，或是在发言时突然失声，都属于这种情况。

弗洛伊德认为，在某些情况下，病人甚至会由此引发真正的病症，于是心理上的痛苦就会转化为麻痹或身体上的痛苦。身体将这些无意识的压力表现了出来，弗洛伊德将它称为“躯体化”。像厌食症或暴食症一类的饮食失调，展现的是心理作用的威力和病人对抗身体失控时遭遇的困难。

继弗洛伊德之后，精神分析学家**迪迪埃·安齐厄**也对那些缺乏界线感的病人产生了兴趣，这些病人的特点是他们无法明确辨别什么取决于自躯体啊，在这儿，哪里才是属于你的位置呢？……我真想把你撕得粉碎！

亨利·米肖（法国画家）

己，而什么取决于他人（《皮肤-自我》，1995年）。他们有种“没有生活在自己身体里的感觉”，就像一个旁观者一样从外部观察自己。皮肤——既是“自己与外部世界分隔的界线”，也是“能够留下自己与他人关系印记的表面”——将这种病态表现了出来。**保尔·瓦莱里**说：“人身上最深奥的，是他的皮肤。”因此，在不知不觉中，我试图隐藏的一切都被印刻在了我的身体上。

我们的身体会透露哪些信息？

我的身体不仅表现出了我个人的无意识，同时也受到了其他方面的影响：外部的、有意识的或内化的影响。它承载着我的印记——早在我之前，其他人就已留下了他们的痕迹，我的家庭和周围环境已经把它当作一个记录身份的载体。

当然，它呈现出了一套彰显我的独特性的身体特征。蹙眉、招风耳、卷发、大脚或短腿，正是通过一些特殊的身体特征，人们才能从老照片中认出我来。但还有一些与他人共有的身体特征也把我划归到了某一类人群之中：女性或男性，年轻或年长，白皮肤或黑皮肤，健康或生病。

> “身体可以显示出一种社会属性或一种文化……”

身体也可以显示出一种社会属性（工人、农民、知识分子等）或一种文化，文身、割礼、伤疤、人体彩绘、服装、首饰、发型、胡须以及剃须或脱毛，都是我所属的社会或群体的标志。人类学家**克洛德·列维－斯特劳斯**在《忧郁的热带》中描述了一个亚马孙的印第安部落——卡杜维奥人，他们在面部，尤其是嘴的四周留下刺青，以显示他们的文化。

你的身体最终会告诉你，它究竟属于谁：一个孕妇，一个运动员，一个瘾君子，一个癌症患者，一个伤残的士兵，一个被殴打的妇女，还是一个被虐待的儿童。

它是一系列身体特征的集合，这些特征显示或隐藏了我的身份、我在社会中的位置和我所属的时代。它会通过各种特征来有意无意地透露出我的身份，无论这个身份是我选择的、声称的还是别人强加给我的。它向外界展示了我的样子，但有时所展示出的是他人强迫我成为的样子。因此，我可能会觉得这是我的身体，也可能会觉得它属于一个陌生人。

在社会学家**皮埃尔·布迪厄**看来："身体就像一种语言，不是人们来谈论它，而是它在主动表达。这是一种自然的语言，它总会把最隐秘和最真实的东西揭示出来，因为它是最不受意识控制和支配的。"有时你只需要看看一个人的手，就能猜出他是从事体力劳动还是从事脑力劳动。

从表面上看，身体是先天形成的，几乎不受人的控制（比如，我不能决定我的身高、我的肤色和我的性别），但实际上，就像布迪厄所说的，它是一个会因社会工作条件而改变的"社会产品"，

在它身上，你会找到很多专属于某个社会阶层或职业环境的特征。在社会学中，“习惯”这个词指的是一个人与社会群体相关的存在方式，他的仪表（举止、服装、外表），以及他的思维方式和表达方式。因此，我们的姿态、表达方式以及好恶都不是“先天的”和“个人的”，而是一种“文化属性”，是我们的社会归属赋予我们身体的特定习惯。

最终，我的身体会和我的童年玩伴或同事呈现出相近的特征，因为我们都曾在某个特定环境中生活，周遭的一切潜移默化地影响着我们，给我们都留下了深深的烙印。我的成长环境是属于特权阶层还是弱势群体，是普通民众阶级还是中产，这些都会导致我的表达方式有所不同。词汇、语言以及语调都会因社会出身或职业背景不同而表现出差异。我在面对他人时的举止，不论是害羞还是从容，都不仅仅是先天性格或天性的表现。身体属性会通过社会阶层体现出来：如今，肥胖反而更容易与贫困阶层联系在一起，因为他们没有办法通过规律的运动来“维持”自己的身材，从而沦为“垃圾食品”的受害者。一个人的外表甚至也会与性格或道德品质息息相关：控制自己的体重，这或多或少就等于在控制自己的生活。这样说不免有些过分，但一个人的价值不再取决于他的能力或行为，而取决于他那让自己贬值的身体。

身体会给我们带来风险吗？

我的身体在多大程度上属于我？我在多大程度上可以说了解自己和认识自己？当我的身体是痛苦的来源，当它被视为一种负担，当它排斥我、拒绝我、阻碍我与他人的关系以及工作和爱情时该怎么办？当我的身体因为外表、肤色、性别而引发歧视或暴力行为时又该如何？

由**大卫·林奇**执导的电影《象人》这部作品，

心里生病的人，身体能痊愈吗？

高乃依（法国剧作家）

灵感来自约瑟夫·梅里克的真实故事。约瑟夫的身体严重畸形，因此被冠以“象人”的称号，像怪胎一样被展出。他的身体和面部因疾病而严重变形，导致他甚至被认为不是人类。这部电影充分揭示了畸形的身体会让人际交往变得不可能，甚至阻碍我们对人性的认知。

如果我的身体不符合“标准”，也同样会被歧视。肥胖、衰老或残疾的身体有时也会让人感觉自己“不受欢迎”。德国哲学家**尤尔根·哈贝马斯**曾自谦地表示，他因为先天性兔唇，在小时候备受嘲笑，而这件事也促使他开始思考与他人之间的关系，并找到在社会生活中与他人互动交流之道。

有时，我们的身体从我们生命之初就将我们边缘化了。种族主义和许多其他歧视从本质上看都是这样。它们会用一个人的肤色或性别等来定义他：似乎这些身体上的特定元素就注定了这个人在智力或道德上低人一等，注定了他“先天”的无能、贫穷或脆弱。

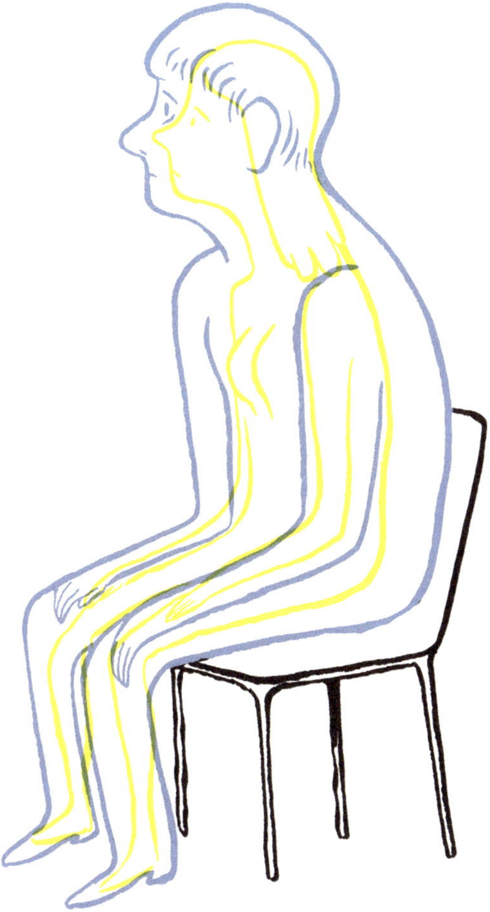

如果我的身体不属于我，它又属于谁呢？

如果我的身体在外表上或生活方式上异于常人，它可能会被污名化，并成为社会、宗教或法律以武力甚至暴力攻击的特别对象。身体并不是完全不能改造的，通过严格训练可以让它变得更听话。正如福柯在《规训与惩罚》一书中所提到的那样："肉体直接卷入某种政治领域，权力关系立即就控制住了它，然后干预它，给它打上标记，训练它，折磨它，强迫它完成某些工作……"

事实上，人类异化身体的历史由来已久，从折磨奴隶，到训练学生去管束自己并保持"乖巧"的坐姿，都是这方面的体现。意大利哲学家**吉奥乔·阿甘本**曾说，在亚里士多德时代，奴隶的身体被认为是主人的延伸，它要执行主人的意志。可以说，奴隶并不拥有自己的身体，他只能服从外部意志（即主人的意志）。长期以来，仆人、女性和儿童的身体一直（现在也仍然如此）被"侵占”；他们就像是一种财产、工具或战利品，不断受到侵犯（强迫劳动、性暴力等）。

还有一些隐性的方式同样也在侵犯或改造着他人的身体，只不过有些不是实际的占有，更多体现在某种象征意义上。比如通过关于在公共空间展示或隐藏身体的法律、规则和方法，或是为身体制订标准。尤其是女性的身体，不断被要求遵守道德或宗教方面的禁令或是陈规。小说家**布里吉特·吉罗**在《拥有一个身体》中所讲述的正是这种必须要让身体按照其他人意愿生活的奇怪体验。她在书中记录了这样一个时刻，小女孩意识到她的行为举止必须更“女性化”：她不能再爬树了，在坐下时要并拢双腿，不能再把身体的某些部位露出来……布里吉特·吉罗将身体被人为约束的情形描绘得淋漓尽致。

这些关于女性和男性的刻板印象，即使没有给所有不符合这些标准的人造成多少的个人悲剧，看上去也总有些滑稽可笑。要知道，有些群体每

我的
身体
是
我的

天都在遭受着暴力，比如美国哲学家**朱迪斯·巴特勒**口中那些不进行“性别操演”的人。

虽然这种性别化的身体“教育”在西方国家受到越来越多的质疑，但针对女性所施加的约束仍然非常过分。男人们继续通过身体对她们进行控制，比如给她们戴上面纱，把她们排除在公共领域之外，伤害她们的身体。

如何重新掌握自己的身体？

一些女性为了对自己身体被伤害这一问题进行回击，将她们的身体变成了政治抗争的工具。她们或者像某些女性那样，不顾制裁地摘下面纱以示抗议；或者学习自卫防身术来防御女性在生活中可能遇到的那些侵犯。正如哲学家**埃尔莎·多琳**所说的那样，这些都是身体的新用途：用来反击那些暴力行为。

女性的身体不是任何人都可以随意用来满足

没有人知道身体能做什么。

斯宾诺莎（荷兰哲学家）

其欲望或需求的物品，它是女性自己的身体，这个身体属于她自己。重要的是，法律也会通过保护控制受孕等方面的相关权利（避孕和堕胎的权利）来保障这种自由。早在古希腊时期，犬儒主义者就曾将身体作为社会和政治抗议的媒介。他们并非真的像狗一样生活，而是通过简朴的穿衣方式等，对以貌取人的虚伪社会和没有包容性的道德伦理进行实打实的批判。

通过另一种穿着和举止来反抗那些违背个人意愿对自己身体进行操控的社会行为，犬儒主义者的这种做法仍然非常流行。

我们可以改造自己的身体吗？

近年来，身体成为新实验和技术幻想的对象。有些人希望通过技术从根本上改变它，或者通过生物技术的人造器官来为它赋能，或者通过更新身体细胞让它永葆青春。这些都是集思想家和科学家为一体的超人类主义流派做出的承诺。我们都梦想拥有一个没有缺陷、没有瑕疵并且可靠的身体。我们已经在电脑屏幕上重塑了我们的身体和面孔，这让我们有时甚至已经无法再接受自己的真实形象了，比如有些人就会为自己长得跟修饰过的肖像不一样而感到痛苦。

那些经过修图处理的图像，看似是在展示对于美丽的全新标准，实际上却是在制造新的心理疾病。这是一种对于某个虚拟技术世界的幻想型谵妄症。在这个世界里，身体会从那些使它们变得怪异，带来不安和敏感的东西中得到解放。但这也引发了一个伦理问题：**皮埃尔·杜库塞特**在他的小说《身体的发明》中，触及了超人类主义实验的阴暗面，这其中包括贩卖从移民身上获取的器官和非法移植器官的黑市经济等。通过掠夺穷人的身体来修复有钱人的身体？对此，法律必须保护那些除了自己的身体再无其他财富的人不会受到这种商品化的影响。面对那些想要利用他们身体的行为，每个人都应该能够毫不犹豫、毫无顾虑地宣称，他的身体只属于他自己。

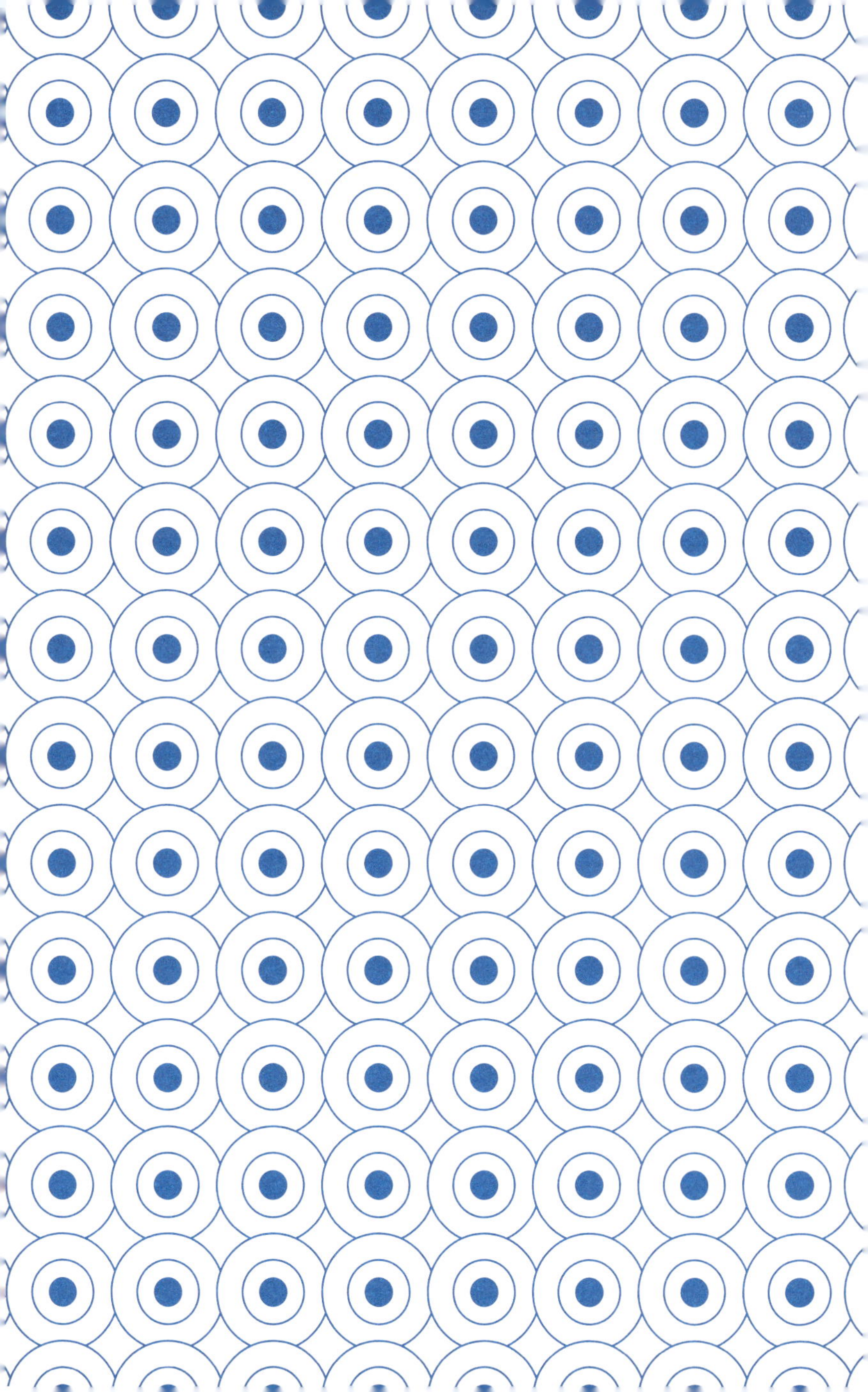